LUCIEN BOUVAT

SUR QUELQUES MANUSCRITS

DE LA

SOCIÉTE ASIATIQUE

RELATIFS A L'ESPAGNE

Extrait de la *Revue Hispanique*, tome XV

NEW YORK, PARIS
1906

SUR QUELQUES MANUSCRITS

DE LA SOCIÉTÉ ASIATIQUE

RELATIFS A L'ESPAGNE

MACON, PROTAT FRÈRES, IMPRIMEURS.

LUCIEN BOUVAT

SUR QUELQUES MANUSCRITS

DE LA

SOCIÉTE ASIATIQUE

RELATIFS A L'ESPAGNE

Extrait de la *Revue Hispanique*, tome XV

NEW YORK, PARIS
1906

SUR QUELQUES MANUSCRITS
DE LA SOCIÉTÉ ASIATIQUE
RELATIFS A L'ESPAGNE

A l'exception du n° 25, provenant de A. Cherbonneau, tous
les manuscrits décrits dans cette notice proviennent d'un don fait
à la Société Asiatique, en 1824, deux ans à peine après sa fonda-
tion, par Lord Kingsborough. Garcin de Tassy dressa, dans le *Journal asiatique* (tome V, 1824, pp. 378-380, et tome VI, 1825,
pp. 126-128), un inventaire sommaire des trente-cinq manuscrits espagnols, arabes, persans, turcs et hindoustanis provenant
de ce don, qu'accompagnait un autre don de livres japonais.
Nous ne savons où ni comment le donateur, Edward King,
vicomte Kingsborough, s'était procuré ces manuscrits. On sait,
du moins, que celui-ci, né en 1795 et mort à Dublin en 1837,
s'est fait un nom dans les études d'archéologie américaine.
Membre du Parlement pour le comté de Cork de 1820 à 1826,
il abandonna son siège à son frère cadet Robert pour se livrer
tout entier à ses recherches. En 1830 il commençait la publication
de son vaste recueil *Antiquities of Mexico*, dont il ne devait pas
voir la fin (l'impression des tomes I à IX et des 60 premières
pages du tome X, demeuré inachevé, ne se termina qu'en 1848),
et qui causa sa ruine. Cette publication, enrichie de nombreuses
reproductions de monuments, avait pour but d'établir que la
civilisation mexicaine était due à des colons juifs; elle ne coûta
pas moins de 32.000 livres sterling au malheureux auteur qui,
ruiné et se trouvant dans l'impossibilité de payer son marchand
de papier, fut enfermé, à la requête de celui-ci, à la prison pour
dettes de Dublin, où il devait mourir à quarante-deux ans.

Dans l'inventaire de Garcin de Tassy, les manuscrits de Lord Kingsborough sont numérotés de 1 à 35. Nous donnons ici la concordance des numéros de ce premier classement avec ceux du classement actuel, qui est celui du Catalogue des manuscrits musulmans (arabes, persans, turcs, hindoutanis, berbères), demeuré inédit et conservé dans les archives de la Société Asiatique, que commença en 1878 Stanislas Guyard.

Classement actuel		Classement de 1824
1	—	18
18	—	32
19	—	33
20	—	35
21	—	?
24	—	31
35	—	21
59ᵃ	—	1
59ᵇ	—	2

Deux des manuscrits décrits par Garcin de Tassy, ne figurent plus dans la bibliothèque de la Société Asiatique. Ce sont : le n° 3, la dernière et la plus complète des trois rédactions de la Grammaire arabe de Mariano Pizzi, portant ce titre : *Gramatica Arabiga erudita*, que para la enseñanza de sus discipulos dicto de memoria D. Mariano Pizzi y Frangeschi, etc., et datée de 1784, et le n° 4, que Garcin de Tassy décrit de la manière suivante :

« N° 4. Recueil contenant plusieurs ouvrages du célèbre évêque de Chiapa, Barthélemy de Las Casas. Le premier et le principal ouvrage est la relation abrégée de la destruction des Indes occidentales (*brevissima relacion de la destruccion de las Indiãs*), copiée sur l'édition originale donnée à Séville en 1552. »

Pour être complet, nous mentionnerons ici un manuscrit non daté dont les marges sont couvertes de notes en espagnol, rarement en latin, provenant de lord Kingsborough (n° 25 de l'inventaire de 1824), et auquel un possesseur espagnol fit subir un sort aussi bizarre qu'imprévu. Nous laissons, là-dessus, la parole à Stanislas Guyard :

« 8. شرح العمدة فى شرح البردة Commentaire sur le poème de la *Borda* de Charaf ed-Dîn Al-Boûsîrî par Sayyid ibn Yoûsouf ibn Sayyid Al-Modlîrî.

« Chaque vers est commenté aux trois points de vue de la lexicographie, du sens et de la rhétorique. La partie lexicographique est indiquée par un ع (abrégé de لغة ; là partie réservée à la discussion du sens par un س (abr. de شرح) ; enfin, la partie de la rhétorique, par un ب (abr. de بيان).

« Les marges sont couvertes de notes en espagnol. Le possesseur chrétien de ce ms. a d'ailleurs laissé d'autres traces ridicules de sa main en grattant dans la préface, des passages qui l'offusquaient. Ainsi, à محمد الرسول il a substitué يشوع المسيح ; dans d'autres versets du Qor'ân dont le sens est « Louange à Dieu qui n'a besoin ni d'épouse ni de fils » et « Qui n'engendre pas et n'est pas engendré », il a supprimé les mots ولا الولد et لم يلد qui nient la divinité de Jésus-Christ ».

In-folio. 222 feuillets de 21 lignes à la page. Bonne écriture maghrébine. Texte entièrement vocalisé. Titre en jaune ; rubriques en noir, jaune et rouge. Au f° 222 recto on lit ces mots en jaune : كمل الشرح بحمد الله و حسن عونه, que suit une pièce de vers. Réclames au bas des pages. Sur le dernier feuillet de garde on trouve la cote N. 52 — D. 3., suivie de cette note : *Libro en arabigo. A lo ultimo se alla (sic) razon de lo que contiene.* Reliure orientale en basane brune, avec nervures et ornements à froid sur les plats. Papier et reliure ont été fortement endommagés par les vers.

1. Deuxième partie, la dernière, d'un Dictionnaire arabe-espagnol-latin sans titre ni nom d'auteur. La première page commence ainsi :

Tomo Segundo

ص — ى

Ce manuscrit, écrit vraisemblablement vers la fin du XVIIIe siècle, provient de Lord Kingsborough (n° 18 de l'inventaire de 1824), qui a écrit sur le premier feuillet de garde la note suivante : *The first Part of this Arabic Dictionary was printed (as I am informed) by order of the Spanish Government; this second Part (as I am informed) has not been printed.* Nous n'avons, toutefois, pu trouver de trace d'un Dictionnaire arabe-espagnol-latin publié par ordre du Gouvernement espagnol. Lord Kingsborough aurait-il confondu le présent ouvrage avec le *Diccionario español-latino-arábigo... para facilitar el estudio de la lengua arábiga á los misioneros, y á los que viajaren ó contratan en Africa y Levante* du P. Francisco Cañes, Madrid, 1787, 3 vol. in-folio ? Notre Dictionnaire, qui formerait la contre-partie de cet ouvrage, avec lequel il offre de grandes analogies, peut être attribué au P. Cañes. Ce missionnaire, mort à Madrid en 1795, appartenait à la province de Saint-Jean-Baptiste de l'ordre des Franciscains déchaussés. Il passa seize ans à Damas, où il remplit les fonctions de lecteur d'arabe au Collège de cette ville. Rentré en Espagne, il publia le Dictionnaire dont nous venons de donner le titre et qui parut à Madrid huit ans avant sa mort, à la demande du comte de Campomanes, et le dédia au roi Charles III. Il était membre de l'Académie royale de l'Histoire. On lui doit encore une Grammaire arabe (*Gramatica arabigo-española, vulgar, y literal. Con un Diccionario arabigo-español... con el Texto de la Doctrina cristiana en el idiomá arabigo.* Madrid, Impr. de D. Ant. Perez de Soto, 1775, in-4, 9 ff. nc. ; XVII-272 p.).

Dans notre manuscrit, chaque mot arabe est suivi de sa traduction espagnole, puis du terme latin correspondant, ce dernier souligné ; pas d'exemples. L'arabe, remarquablement calligraphié, 'est vocalisé entièrement.

In-4. 1931 pages. 24 lignes à la page. Papier vergé. Demi-reliure veau fauve, probablement exécutée en Angleterre, non rogné. Marges assez étroites. Belle écriture, très nette et lisible, de la fin du xviiie siècle. Les lettres arabes placées en tête de chaque section (ص, ض, ط, ظ, etc.), sont encadrées. Le premier feuillet de garde porte la cote N° 104-360 ; une étiquette apposée au bas des premiers feuillets du texte porte le numéro 1356.

18. كتاب بغية الملتمس فى تأريخ رجال الاندلس لاحمد بن يحيى ابن احمد بن عُمَيْرَة الصبّى « La Chose désirée par celui qui cherche à étudier l'histoire des hommes remarquables de l'Andalousie, par Aḥmad ibn Yaḥyâ ibn A´ mad Aḍ-Ḍabbî (et non Ḍobbî). »

Cet ouvrage est un Dictionnaire biographique des Espagnols et Espagnoles célèbres, commençant par des prolégomènes sur la conquête arabe et les khalifes omeyyades d'Espagne jusqu'en 592 (1196). Il a été édité par MM. Codera et Ribera (*Bibliotheca Arabico-Hispana*, t. III, Matriti, 1885), et des extraits en ont été donnés par Casiri (t. II, pp. 133-140). Généralement concis, sauf quand il s'agit des élèves que forma tel ou tel savant, ce livre présente de nombreuses coïncidences avec celui d'Ibn Bachkouwâl. L'auteur, né à Velez d'après M. Codera, était regardé par les Arabes comme un historien fidèle et un traditionniste sincère, et avait voulu continuer *Le Brasier ardent* حذوة المفتبس d'Al-Ḥoumaidî. La rapidité prodigieuse avec laquelle il écrivait est demeurée célèbre.

On peut consulter, sur Aḍ-Ḍabbî : Amari, *Bibl. arabo-sic.*, I, 437 ; — Brockelmann, *Geschichte der arab. Lit.*, I, 340 ; — Huart, *Litt. arabe*, 204 ; — *Journal asiatique*, IIIe série, tome II,

p. 374; — Makkarî, *Analectes*, I, 714; — Pons Boigues, *Ensayo*,
n° 212, pp. 257-259; — Wüstenfeld, *Die Geschichtschreiber*,
n° 282, p. 98.

Il n'existe, de la بغية الملتمس, qu'un seul manuscrit, celui de
l'Escurial, que M. Codera fait remonter à 680 (1281), et sur
lequel ont été faites les deux copies existant actuellement : celle,
incomplète, de la Bibliothèque nationale de Madrid, et la nôtre.
Celle-ci a été faite il y a juste un siècle par Manuel Bacas Marino,
comme l'atteste la note suivante : *Copia del Codice escurialense
señalado con el N° 1676* (c'est le n° 1671 de Casiri), *su àutor Ahmed
ben Yehya ben Ahmed ben Omáyra Eddobi sacada por Manuel Bacas
Marino en el año de 1806.* Vient ensuite le titre arabe que nous donnons ici intégralement :

كتاب بغية الملتمس فى تاريخ رجال اهل الاندلس علمايها وامرآيها
وشعرايها وذوى النباهة فيها ممن دخل اليها و خرج عنها ممّا وشى به رياض
الحميدى و نمنم والجم سداه و تمّم احمد بن يحيى بن احمد بن عميرة
الضّبى ، وفه الله

A la fin, après les mots محمد ين بطيس ولادةابنة واجارهما معًا,
on lit la remarque suivante : *Faltan 4 lineas.* Vient ensuite
une suscription arabe ajoutée par le copiste et ainsi conçue :

كُمِلَتْ هذه النسخة بعون الله فى شهر مارس عام ستة و ثمانماية والف
للمسيح على يد مانوال باقَس مَرينوا لطف الله به امين

« Cette copie a été achevée, avec l'aide de Dieu, en mars de
l'année 1806 du Messie, par la main de Manuel Bacas Marino
(que Dieu soit satisfait de lui !) Amen ».

Comme le fait remarquer Stanislas Guyard, notre copie, qui
s'arrête à Fâṭima bint Yaḥyâ ibn Yoûsouf, en l'année 319 de
l'hégire (931), montre, par ses lacunes, que l'original est défec-
tueux. Le copiste s'est efforcé de reproduire l'écriture africaine de

celui-ci et a ajouté au bas des pages quelques remarques sur les
remaniements subis par le texte. Ce manuscrit provient de Lord
Kingsborough (n° 32 de l'inventaire 1824).

In-folio. 273 pages. 25 lignes à la page. Écriture maghrébine
très nette et lisible; les titres de chapitres en gros caractères, ainsi
que les noms propres, qui ne sont pas surmontés de traits.
Beaucoup de tachdîds et peu de voyelles. Demi-reliure veau brun.
Papier vergé, grandes marges.

19. و فقهآيهم و (sic; il faut lire محدثيهم) ومحدثيهم و علمآيهم و اندلس أيّة
كتاب الصلة في تاريخ أدبآيهم ناليوب الشيخ العالم ابى القاسم خَلَف
بن عبد الملك بن بَشْكُوَال رضى الله عنه

« Livre intitulé La Continuation (sur le sens du mot صلة, traduit à tort par « présent », cf. Dozy, *De Abbadidis*, II, p. 168,
note), sur l'histoire des écrivains de l'Espagne, de ses docteurs,
de ses traditionnistes, de ses jurisconsultes et de ses littérateurs ;
ouvrage du cheikh, du savant Aboû'-l-Kâsim Khalaf ibn 'Abd
Al-Malik ibn Bachkouwâl, qu'Allâh soit satisfait de lui ! »

Dictionnaire biographique faisant suite à l'Histoire des savants
d'Andalousie d'Ibn Al-Faradî et terminé le 3 de djoûmâdhâ Ier
534 (27 décembre 1139). Il a été édité par M. Codera (*Aben
Pascualis Assila* [*Dictionarium biographicum*] *ad fidem Codicis Escu-
rialensis arabice nunc primum edidit F. Codera*. Matriti, 1883, in-4.
Forme les tomes II et III de la *Bibliotheca Arabico-Hispana*). Né à
Cordoue le 3 de dhoû'l-hidjdja 494 (30 septembre 1101), Ibn
Bachkouwâl (on Aben Pascual) mourut dans la même ville le 8
de ramadân 578 (5 janvier 1183), après avoir été quelque temps
cadi à Séville.

A consulter sur lui, Amari, *Bibliot. arabo-sic.*, I, LXVI ; — Brockelmann, *Geschichte*, I, 340 ; — Dhahabi, *Liber classium virorum*,
éd. Wüstenfeld, XVII, 1 ; Dozy, *De Abbadidis*, I, 380 ; — Gayan-
gos, *The History of the Mohammedan Dynasties*, I, 327, 472 ; —

Hâdjî Khalîfa, I, 190, II, 100, 115, IV, 339, V, 368 ; — Huart, *Litt. arabe*, 204 ; — Ibn Khallikân, texte arabe, I, 305, et traduction De Slane, I, 491 ; — Ibn Al-Abbâr, *Tecmilah*, 179 ; — *Journal asiatique*, 3ᵉ série, tome II, p. 374 ; Makķarî, *Analectes*, II, 42, 122 ; — Pons Boigues, *Ensayo*, nᵒ 200, pp. 246-249 ; — Simonet, *Crest. árabe*, 100 ; — Wüstenfeld, *Die Geschichtschreiber der Araber*, nᵒ 212, pp. 257-259.

Notre copie, non datée, mais probablêment du commencement du XIXᵉ siècle, provient de Lord Kingsborough (nᵒ 33 de l'inventaire de 1824), qui a écrit sur le premier feuillet : *Ben Bascual, History of the Invasion of the Arabs in Spain and of Illustrious Men.* Stanislas Guyard l'attribue à Manuel Bacas ; toutefois il s'en faut de beaucoup que l'écriture, très variable, et fort peu soignée à la fin, mérite d'être comparée à celle du manuscrit précédent. L'original est conservé à l'Escurial ; Casiri, qui le décrit sous le nᵒ 1672, en donne de nombreux extraits (t. II, pp. 140-151). Il existe de cet ouvage un autre manuscrit à Tunis.

In-folio. 175 feuillets. 25 lignes à la page. Écriture maghrébine très variable, souvent médiocre. Le premier feuillet porte cette note : *Señalado en la Rˡ Biblioteca del Escorial con el Nᵒ 1677.* Au-dessous, d'une autre main : *C'est le manuscrit 1672 et non 1677.* Le premier feuillet de garde porte la cote nᵒ 33 ; à la fin on lit nᵒ 60 — L. 3. Papier vergé. Demi-reliure veau brun.

20. ‏السبر الثانى من كتاب تكملة لكتاب الصلة جميع الفقيه الامام الفاضل المحدث الحافظ الناقد الكامل الكاتب البارع الحافظ الفاضى الجليل العادل عبد الله بن محمد بن عبد الله بن ابى بكر الفضاعى البلنسى المعروف بابن الابار رحمة الله عليه‏

« Deuxième partie du livre intitulé Complément du livre intitulé La Continuation, compilé par le jurisconsulte, l'imam, le distingué, le traditionniste, le ḥâfizh plein de discernement, le secrétaire excellent et plein d'activité, le juge glorieux et intègre, 'Abdallâh ibn Moḥammad ibn 'Abdallâh ibn Abî Bakr Al-Koḍâ'î

le Valencien, connu sous le nom d'Ibn Al-Abbâr — la miséricorde
d'Allâh soit sur lui ! »

Cet ouvrage d'Ibn Al-Abbâr a été publié par M. Codera (*Tecmilah. Complementum libri Assilah* [*Dictionarium biographicum*]
primum edidit F. Codera y Zaydin. Madrid, 1887-1889, 2 vol.
in-4. Comprend les tomes V et VI de la *Bibliotheca Arabico-Hispana*), qui avait auparavant publié, du même Ibn Al-Abbâr, *Al
Môcham* (*Dictionarium ordine alphabetico*) *de discipulis Abu Ali Assa-
dafi*, Matriti, 1886, in-4 (forme le tome IV de la même collec-
tion). L'auteur, né à Valence en 595 (1198), fut secrétaire du
gouverneur de cette ville, Moḥammad ibn Abî Ḥafṣ, dont le fils
se convertit au christianisme et se rendit auprès du roi d'Aragon.
Ibn Al-Abbâr fut alors envoyé en Afrique pour demander des
secours contre les chrétiens; ceux-ci, malgré le mal que leur fit
la flotte ramenée par le secrétaire du gouverneur de Valence,
s'emparèrent de cette ville (1235). Quittant alors l'Europe, Ibn
Al-Abbâr se rendit à Tunis, où il devint successivement secrétaire
du Divan et vizir d'Al-Mostanṣir qui, le soupçonnant d'avoir
conspiré contre lui, le fit assassiner (23 de dhoû' l-ḥidjdja 655
= 2 janvier 1258). Il est l'auteur de l'important ouvrage *Al-
Houlla As-Siyarâ* décrit ci-après (n° 21).

Les principaux ouvrages à consulter concernant Ibn Al-Abbâr,
sont : Amari, *Bibliot. arabo-sic.*, I, LII ; — Brockelmann, *Geschichte*,
I, 340-341 ; — Codera, *Bibl. arabico-hisp.*, IV, préface; — Hartwig
Derenbourg, *Les Manuscrits arabes de l'Escurial*, I, 228 ; — Dozy,
Al-Bayan Al-Mogrib, 77 et *De Abbadidis*, II, 46 ; — Ḥâdjî Khalîfa,
II, 115, 236, III, 527 ; — Huart, *Litt. arabe*, 204 ; — Ibn Khallikân, trad. De Slane, II, 424 (note) ; — Makkarî, *Analectes*, II,
93, 123, 504, 755, 759, 767 ; — Pons Boigues, *Ensayo*, n° 253,
pp. 291-296 ; — De Slane, *Prolégomènes d'Ibn Khaldoún*, II, 394,
et *Hist. des Berbères*, trad. française, II, 347 ; — Wüstenfeld, *Die
Geschichtschreiber*, n° 344, pp. 128-129.

Notre copie, moderne, est attribuée par Stanislas Guyard à
Manuel Bacas Marino. Elle commence avec la notice consacrée à

Moḥammad ibn Moḥammad ibn ‘Alî Al-‘Akkî et finit avec celle de ‘Abd Al-Wahhâb ibn Moḥammad ibn ‘Alî Al-Ḳaisî. L’original est conservé à l’Escurial (Casiri, n° 1670, t. II, pp. 121-133 ; cf. Hartwig Derenbourg, *Les Manuscrits arabes de l’Escurial*, t. I, p. 228, n° 356).

In-folio. 288 feuillets. 25 lignes à la page. Écriture maghrébine assez ordinaire ; les titres en gros caractères ; réclames au bas des pages. Demi-reliure veau brun, non rogné. Papier vergé. Le manuscrit porte les cotes suivantes : N° 35-376 (1ʳᵉ garde) et n° 62 — N. 3 (dernière garde).

Provient de Lord Kingsborough (n° 35 de l’inventaire de 1824).

21. الحُلَّة السِّيراۤء لابى بكر بن الابار الفضاعى البلنسى Le vêtement de soie brodé, par Aboû Bakr ibn Al-Abbâr Al-Koḍâ‘î le Valencien.

C’est une histoire des dynasties arabes d’Espagne allant de ‘Abd Ar-Raḥmân ibn Mou‘âwiya ibn Hichâm ibn ‘Abd Al-Malik ibn Marwân Aboû Dja‘far Al-Manṣoûr (138 = 755) à Sayyid ibn Hâkim Abou‘Othmân Al-Korasita (Majorque, 627 = 1229). C’est à tort que Garcin de Tassy dit dans son inventaire : « Cet ouvrage important, cité avec éloge dans l’ouvrage publié récemment par Conde, sur l’histoire des Maures d’Espagne, ne se trouve pas dans la bibliothèque de l’Escurial ; rien n’indique sur quel original on a fait la copie donnée à la Société ; » cet original n’est autre que le manuscrit décrit par Casiri sous le n° 1649 (n° 1654 actuel). La première partie de cet ouvrage a été publiée par Marcus Joseph Müller dans ses *Beiträge zur Geschichte der westlichen Araber*. München, G. Franz, 1866, in-8 (pages ١٦١-٢٦٠). Auparavant Dozy en avait donné, d’après la présente copie, de longs extraits dans ses *Notices sur quelques manuscrits arabes*, Leyde, E. J. Brill, 1847-1851, in-8 (pp. 29-256).

Notre copie moderne, non datée et incomplète, commence avec

le règne d'Aboû Dja'far Al-Manṣoûr, sans titre, formules d'introduction ni prolégomènes d'aucune sorte. Elle finit avec le règne d'Aboû Tâhir ibn Al-Kâ'im ibn Al-Mahdî (334=945). Elle provient très probablement de Lord Kingsborough, et porte sur un feuillet de garde la mention suivante : « *Historia Rerum gestarum Arabum in Hispania. Ex Bibliotheca Escurialensi.* Conf. Casiri, Bibl. Arab. apud numerum 1649. »

In-folio. 260 feuillets. 25 lignes à la page. Plusieurs écritures (maghrébines) présentant des différences assez sensibles, corrections marginales. Demi-reliure veau brun, non rogné. Cote 375 sur un feuillet de garde. On a relié au commencement des *Excertas del Codice Escurialense nº 1652, su autor* على بن عبد الرحمن بن ‘هَذَ يّل *Se halla extractada y traducida por Casiri en su Biblioteca Escurialense, pero defectuosa : la qual debe estar asi segun se halla en el original, y comienza en el ultimo renglon de la hoja 46 ; 2ª del mismo Codice, en la hoja 47 vuelta linea 6ª,* ainsi qu'un fragment d'un manuscrit berbère non identifié, mais paraissant être un commentaire religieux de beaucoup antérieur à notre copie.

24. Copie moderne, exécutée à Madrid en 1764, pour le compte du professeur Pizzi, par Paul fils d'Elias Al-Hadour, originaire de Laodicée, du manuscrit 1771 (et non 1772, comme le porte une note du premier feuillet de garde) de l'Escurial, contenant deux ouvrages de l'historien espagnol Ibn Al-Khaṭîb, à savoir :

a) الحُلَل المرفومة « Les Vêtements marqués » (et non كتاب العيون « Le Livre des Sources », comme le porte la note mentionnée ci-dessus).

C'est un résumé en vers accompagné d'un commentaire en prose de l'histoire des dynasties musulmanes en Arabie, en Syrie, en Espagne et en Afrique. Ce résumé va du temps du Prophète à l'année 765 (1363), date de sa composition. La durée de chaque règne et les noms des princes sont donnés en marge.

Dans sa préface, l'auteur dit avoir adopté la forme versifiée pour
venir en aide à la mémoire. Un autre manuscrit de cet ouvrage
existe à l'Escurial (n° 1772) ; Casiri (tome II, pp. 177-246) en
donne de longs extraits ; ceux relatifs aux Aghlabites et aux Fati-
mites d'Afrique et de Sicile ont été reproduits textuellement dans
la *Rerum Aglabidarum et Fatamidarum (sic) qui Africae et Siculae
imperarunt, series in Rerum Arabicarum quae qd historiam Siculae
spectant, amplissima Collectio* de Rosario Gregorio (Panormi, 1790,
pp. 87-101). Un autre ouvrage d'Ibn Al-Khaṭîb, رفم الحلل « Les
Marques des vêtements », dont on connaît deux manuscrits, l'un
à Londres (British Museum, n° 475), l'autre à Madrid (Mis.
Codera, n° 177), a été publié à Tunis en 1316 (1898-1899).
Nous donnons ici le commencement des *Vêtements marqués* tel
qu'il est dans notre copie :

بسم الله الرحمن الرحيم صلى الله على سيدنا و مولانا محمد و على اله
و صحبه و سلم تسليمًا

فال الشيخ الفقيه الامام العالم العلامة المحقق المدقق المشارك
المتفنن قطب دايرة الادبا ابن الخطيب السلماني رحمه الله

الحمد لله الذى لاينكره * من مرحبة فى الكاينات فكره
ذى الفضل و القدرة ولجلال * مخترع الخلق بلا مثال
الملك الحق بلا نها ية * ومن له فى كل شى آية
من رفع السما من غير عمد * دون معين او ظهير او ولد

Puis viennent les chapitres suivants :

1° Le Prophète et les khalifes orthodoxes (f° 3 r°).
2° Les Omeyyades d'Orient (f° 13 r°).
3° Les khalifes abbasides (f° 30 v°).
4° Les Aghlabites et les souverains du Maghreb (f° 48 v°).
5° Les souverains chiites ʿAbîdîn en Ifrikiyya et en Égypte
(f° 50 v°).

6° Considérations spéciales sur les souverains chiites..

7° Les Omeyyades d'Espagne (f° 62 v°).

8° Les dynasties locales après la destruction du khalifat (f° 79 r°).

9° Les Almoravides (f° 89 r°).

10° Les Almohades au Maghreb et en Espagne (f° 96 v°).

11° Les Hafsides en Ifrikiyya (f° 112 v°).

12° Les Beni Zian à Tlemcen (f° 124 v°).

13° Les Mérinides (f° 134 v°).

14° Les Beni Yadharr en Espagne (du f° 176 v° au f°. 204 v°, où se termine l'ouvrage).

b) اللمحة البدريه في الدولة النصرية

« La Lueur de la pleine lune, sur la dynastie de Naṣr. »

C'est une description et en même temps une histoire abrégée du royaume de Grenade. Voici l'énumération des chapitres :

1° Mention de la ville (Grenade, appelée par l'auteur « Damas de l'Espagne »), dont ce souverain a élevé les remparts et fixé l'arrangement (f° 209 r°);

2° Courtes notices sur les pays d'alentour (f° 217 r°);

3° Ses émirs ou souverains célèbres (f° 220 v°) ;

4° Sur ses revenus (f° 229 r°);

5° Remarques sur ses dynasties et leur succession (du f° 233 r° à la fin).

Lisân ad-Dîn Aboû 'Abdallâh Mohammad ibn Sa'îd ibn Al-Khaṭib As-Salmânî était d'origine syrienne. Né à Grenade ou, selon d'autres, à Loja, le 25 de redjeb 713 (16 novembre 1313), il fit ses études dans la première de ces deux villes, y obtint la faveur du souverain d'alors, Aboû'l-Hadjdjâdj Yoûsouf, qui, après lui avoir rendu les biens de son père confisqués, le chargea de diriger l'administration du royaume. Il resta en charge sous Mohammad V : ce prince, fuyant devant son frère Ismâ'il, dut se réfugier en Afrique ; Ibn Al-Khaṭib l'y accompagna. Trois ans plus tard il rentrait en Espagne avec Mohammad et reprenait ses fonctions. Mais, accusé de trahison par ses ennemis, il fut jeté en prison, où il mourut bientôt (776=1734). Francisco Javier Simonet, qui appelle notre auteur le Salluste du royaume de Grenade, a publié et traduit, il y a près d'un demi-siècle, un important extrait de son معيار الاختبار « Le juste poids de l'expérience » (*Descripcion del reino de Granada bajo la dominacion de los Naseritas, sacada de los autores árabes, y seguida del texto inédito de Mohammed Ebn Aljathib*. Madrid, Imprenta Nacional, 1860, in-8). Consulter : Brockelmann, *Geschichte*, II, 16, 260; — Casiri, I, 132, 161, II, 71, 118, 169, 341, 345 ; — Dozy, *De Abbadidis*, II, 156, 181; — Ḥâdjî Khalîfa, I, 164, 307, 391, II, 94, III, 305, 497, 499, VI, 46, 472; — Huart, *Litt. arabe*, 341-342 ; — Ibn Khaldoûn, *Hist. des Berbères*, trad. De Slane, IV, 390 et sq., 404 et sq., 453, 551 ; — Lafuente y Alcantara, *Inscripciones árabes de Granada*, 53, et Apéndice, 30; — Makkarî, *passim*; — Pons Boigues, *Ensayo*, n° 224, pp. 334-347 ; — Wüstenfeld, *Die Geschichtschreiber*, n° 439, pp. 186-188. Pour son *Histoire des dynasties berbères*, voir ci-après (n° 25).

Notre copie provient de Lord Kingsborough (n° 31 de l'inventaire de 1824).

In-4. 361 feuillets. 21 lignes à la page. Écriture orientale d'une forme toute particulière, très fine, très penchée, et d'une lecture difficile. Titres de chapitres en caractères plus gros, mais toujours noirs. Les feuillets ont été numérotés par le copiste lui-même en chiffres arabes européens. Réclames au bas des pages. Papier vergé. Demi-reliure basane brune, probablement de l'époque, sans titre au dos, non rogné.

25. ‟ في (lire التى) الذى الدول بعض مجموع (lire ملكت) ملك
المغرب الاوسط

« Réunion de quelques dynasties qui régnèrent dans le Maghreb central. »

« C'est, dit Stanislas Guyard, un mauvais extrait du grand ouvrage d'Ibn El-Khatîb Lisan ed-Din, auteur de l'histoire de la ville de Grenade. »

Le titre de cet ouvrage est اعمال الاعلام فيمن بويع له قبل الاحتلام من ملوك الاسلام ومايتعلق به من الكلام « Les actions des chefs de tribus, concernant ceux auxquels on prêta serment alors que les rois de l'Islam n'avaient pas atteint leur puberté, et paroles s'y rattachant. » Un manuscrit de cette histoire, datant probablement du x⁰ siècle de l'hégire, est conservé, sous le n° 1617, à la bibliothèque d'Alger. Les manuscrits de cet ouvrage semblent, du reste, être fort rares ; on ne connaît, avec le manuscrit d'Alger et notre extrait, qu'une copie incomplète et incorrecte de la troisième partie, acquise à Fez par M. Codera et conservée à la bibliothèque de l'Académie royale de l'Histoire de Madrid (cf. E. Fagnan, *Une chronique inconnue d'Ibn El-Khatib*, dans la *Revue africaine*, 1890, pp. 259-262). Voici, sur sa composition, le résumé de ce qu'en dit M. Fagnan. Après une revue assez rapide de l'histoire du Prophète, des Omeyyades, des Abbasides et des dynasties contemporaines musulmanes de l'Orient jusqu'aux Bahrites, formant la première partie, vient l'histoire de l'Espagne depuis la conquête musulmane jusqu'à la fin de la domination des Almohades et d'Ibn Merdenîch, que termine l'histoire des Banoû Naṣr jusqu'à Moḥammad ibn Yoûsouf et celle des rois chrétiens de l'Espagne. La troisième partie est consacrée à l'histoire du Maghreb, de Barka à Sous. Enfin l'histoire des Almohades est amorcée par quelques lignes consacrées au règne de 'Abd Al-Mou'min ibn Alî.

Notre manuscrit, très moderne, n'est pas daté. Il a été donné à la Société Asiatique par A. Cherbonneau, l'arabisant bien connu, le 15 janvier 1859, ainsi que l'atteste une note écrite sur un feuillet préliminaire. Après le titre sommaire que nous venons de donner vient un autre titre, plus détaillé, ainsi conçu :

منقول من الكتاب المسمى باعمال الاعلام فيمن بويع له قبل الاحتلام
من ملوك الاسلام وما يتعلق بذالك من الكلام للنائر الوزير ابن
الخطيب رحمه الله تعالى

Cet extrait, qui commence avec l'histoire des Aghlabites, va jusqu'à la fin de l'ouvrage. Le court chapitre que nous venons de mentionner, consacré au règne de 'Abd Al-Mou'min, a quatre lignes en tout.

In-8 oblong. 53 feuillets. 9 lignes à la page. Écriture maghrébine assez élégante ; les titres à l'encre violette. Non relié.

31. Los Aforismos de Hipocrates en Arabe copiados con exactitud, y teniendo presente tres exemplares. Debe tenerse en aprecio este libro por lo correcto y buena pluma.

فصول ابقرط بحسبما نقلها من اللغة اليونانية الى اللغة العربية الشيخ
لامام ابو القاسم عبد الرحمن بن ابى صادق رضى الله عند مكتوب على
يد مريانو بزى الصبيب سنة غد فو (1796) المسيح

Cette copie, faite en 1796 par le Dr. Mariano Pizzi, très probablement sur les trois manuscrits de l'Escurial décrits par Casiri sous les n⁰ˢ 875, 876 et 877 de la version arabe des *Aphorismes* d'Hippocrate de Hounain ibn Isḥâk, provient de Lord Kingsborough (n⁰ 22 de l'inventaire de 1824).

Aboû Zaid Hounain ibn Isḥâk était le fils d'un pharmacien chrétien de Hira. Après avoir étudié la médecine sous Yaḥyâ ibn Masawaih, au temps de Hâroûn Ar-Rachîd, il voyagea en Asie mineure où il apprit le grec. Il traduisit successivement l'Ancien Testament (sur la version des Septante), le *Timée* et la *République* de Platon, les *Aphorismes* d'Hippocrate, les *Œuvres* de Galien, de Dioscoride, etc. Sa religion ne l'empêcha pas de devenir, à Bagdad, le médecin particulier du khalife Al-Moutawakkil. Excommunié par l'évêque Théodose pour la querelle des images, il en ressentit un tel chagrin qu'il s'empoisonna. Son fils Isḥâk ibn Hounain, bien que son meilleur élève, préféra la philosophie à la médecine.

Voir entre autres, sur Hounain ibn Ishâḳ : Brockelmann, *Geschichte*,
I, 231 ; — Huart, *Litt. arabe*, 279-280.

In-12. Belle écriture rappelant l'écriture maghrébine, mais avec
le ڢ et le ڧ ponctués à l'orientale. 69 feuillets chiffrés pour le
texte, suivis de 11 feuillets blancs. 14 lignes à la page. Sur la
première garde on lit : N° 22 ; le premier feuillet de garde porte,
avec la cote 363, la mention *Ms. de Pizzi*. Reliure basane marbrée,
tranches rouges.

35. السِبر الرابع من المحرر الوجيز فى تفسير كتاب الله العزيز
تاليف البفيه الامام الحافظ ابى محمد عبد الحق ابن البفيه الامام
ابى بكر غالب بن عبد الر حمن ابن عطيه المحاربى رضى الله عنه
وبعده (*sic*) به

« La quatrième section de l'Écrit concis, commentaire du Livre
d'Allâh le tout-puissant, ouvrage du jurisconsulte, de l'imam, du
ḥâfizh Aboû Moḥammad 'Abd Al-Ḥaḳḳ fils du jurisconsulte, de
l'imam Aboû Bakr Ghâlib ibn 'Abd Ar-Raḥmân Ibn 'Aṭiyya Al-
Mou âribî (qu'Allâh soit satisfait de lui et indulgent à son
égard !) »

Originaire de Grenade, d'où le nom d'Al-Gharnatî qui lui est
parfois donné, 'Ibn 'Aṭiyya naquit vers 481 (1088). On place sa
mort vers l'année 542 (1147). Plusieurs manuscrits de son Commentaire sont conservés à Berlin (n° 800), à Alger (n°ˢ 327-329)
et au Caire (I, 208). Cf. Brockelmann, *Geschichte*, I, 412. Le
titre exact en serait كتاب الجامع المحرر الصحيح الوجير فى تفسير
القرآن العزيز. Notre copie va de la soura XIX au verset 170 de
la soura XXXVII ; elle n'est pas datée, mais paraît ancienne.
Elle était inscrite à l'ancien catalogue de la bibliothèque de la
Société Asiatique, sous la cote E 4° 136. Elle provient de Lord
Kingsborough (n° 21 de l'inventaire de 1824).

In-folio. 172 feuillets. 27 lignes à la page. Belle écriture maghrébine ; encadrement initial en or et couleurs avec titres en caractères

coufiques; les titres des souras à l'encre bleue. Quand on cite soit la parole divine, soit une autorité, les phrases telles que قوله عزّوجلّ ou قال القاص etc., sont en couleur (carmin, bleu clair, cramoisi, jaune, violet), rarement en noir. Quelques notes marginales.

59. Sous ce numéro figurent deux rédactions successives, datées de 1780 et de 1782, d'une Grammaire arabe composée en espagnol à l'usage de ses élèves par Don Mariano Pizzi y Frangeschi, docteur en médecine et professeur d'arabe à Madrid dans la seconde moitié du XVIIIe siècle (voir ci-dessus, n°s 24 et 31). Une troisième rédaction de cet ouvrage, plus complète et datée de 1784, figurait, avec les deux premières, parmi les manuscrits donnés par lord Kingsborough à la Société Asiatique (n° 3 de l'inventaire de 1824); nous ne savons ce qu'elle est devenue. Voici maintenant la description des deux exemplaires conservés aujourd'hui dans la bibliothèque de la Société, et qui portaient dans l'inventaire des manuscrits de lord Kingsborough fait en 1824, les n°s 1 et 2.

a) *Compendio de la Grammatica Arabe, que, para el breve adelantamiento de sus discipulos compuso el D[r] D[n] Mariano Pizzi, Profesor Regio Matritense año 1780.* (Au verso :)

مُوجَزُ ٱلنَّحْوِ ٱلعَرَبِىِّ ٱلَّذِى يَتَالِفُ مَارِيَابُو يِزّى ٱلطَّبِيبُ و مُعَلِّمُ لِسَانِ العَرَبِى فِى مَدَارِس مَادرِيدَ سَنَةْ لِتَا نِس آبِنِ أَللّٰه ١٧٨٣ (sic; 1783 pour 1780)

A la fin du manuscrit :

كملت هذا الاختصار بعون الله تعالى اليوم زسنة ١٧٨٥ وهو شهر يوليوس الحمد لله وحده والعفو للناس كلهم

Cet abrégé de grammaire qui porte ainsi trois dates différentes : 1780 dans le titre espagnol, 1783 dans le titre arabe, 7 juillet

1785 dans la suscription finale, comprend 86 feuillets de 14 lignes à la page. Chaque page numérotée en chiffres arabes européens est en regard d'une page portant le même numéro en chiffres orientaux. Nombreux tableaux repliés. Ce manuscrit est calligraphié avec le plus grand soin, et les mots arabes entièrement vocalisés. Voici comment l'auteur lui-même apprécie son ouvrage après la suscription arabe que nous avons donnée : *Esta Gramatica fué el borrador. Para formar de él, la q¹ escriví en compendio, que és un tomito como este, y con el mismo titulo. Pero aquella es completissima ; y para quel lo entienda, un prontuario para enseñar, y esplicar lo mas dificil de la lengua, q⁰ no ay (sic) la igual, entre q^{tas} he visto, sino la mia completa, q⁰ la acede por las muchas autoridad⁵. que ay (sic) en ella.*

In-12. Papier vergé. Reliure pleine basane marbrée, dos orné, petite dentelle sur les plats. Tranches rouges. La première garde porte N° 1.

b) Autre rédaction de cet ouvrage, plus complète. Elle porte, dans les deux titres espagnol et arabe (semblables aux précédents), la date 1782. Elle compte 225 pages numérotées en chiffres européens, plus 61 pages non chiffrées contenant un *Apendice, en el q. se incluien varios tratados pertenecient⁵. a la Gramatica* (nature et parties du discours; comment disposer celles-ci ; comment rendre les verbes *avoir, devoir, manquer* ; concordance des ères musulmane et chrétienne ; liste des particules) et un *Indice de las cosas mas notables.* Il y a 16 lignes à la page.

L'écriture, le format, le papier et la reliure sont identiques à ceux du manuscrit précédent. Voici la suscription finale :

وكل ما كُتِبَ فى هذا النحو فليكن كلمجد الله تعالى و ينـفع الناس كلهم

La première garde porte N° 2; sur la dernière garde on a collé un dessin à la plume dont voici la légende : *Guardias de una de las llaves, que se........ .al Rey Dn. Fernando, Alxataf, Rey de Sevilla, quando se gano esta Ciudad, y trae Zuñiga en sùs Annales.*

Lucien BOUVAT.

MACON, PROTAT FRÈRES, IMPRIMEURS.

Bibliotheca hispanica

CONDITIONS ET MODE DE PUBLICATION

La *Revue Hispanique*, fondée en 1894, paraît tous les trois mois; elle forme chaque année deux volumes de six cents pages chacun.

Le prix de l'abonnement à l'année courante est de VINGT FRANCS pour tous les pays faisant partie de l'Union postale. Aucun numéro n'est vendu séparément.

Le prix de chacune des années antérieures est de VINGT FRANCS.

La *Revue Hispanique* annonce ou analyse les livres, brochures ou périodiques dont un exemplaire est adressé directement à M. R. Foulché-Delbosc, boulevard Malesherbes, 156, à Paris.

Tout ce qui concerne la rédaction et les échanges de la *Revue Hispanique* doit être adressé à M. R. Foulché-Delbosc, boulevard Malesherbes, 156, à Paris.

Tout ce qui concerne des abonnements doit être adressé : pour l'Amérique, à M. le Secrétaire de *The Hispanic Society of America*, Audubon Park, West 156th Street, New York City; pour l'Europe, à la librairie C. Klincksieck, 11, rue de Lille, à Paris.

Bibliotheca hispanica

Voir à la page 3 de la couverture

MÂCON, PROTAT FRÈRES, IMPRIMEURS